관세음보살 사십이수 진언

도서출판
좋은인연

관세음보살 42수 진언
(觀世音菩薩 四十二手 眞言)

글_ 無一 우학 큰스님

그림_ 박소현 불모

도서출판 좋은인연

◈ 사경의 의의와 공덕

사경이란, 경전 말씀을 따라 쓰거나 옮겨 쓴다는 뜻으로 기도 수행의 한 방편입니다. 사경은 스스로 그 마음을 맑혀가는 거룩한 자기 불사(佛事)입니다. 이렇게 사경한 종이는 탑 등에 봉안되는데, 불국사 석가탑에 모셔져 있다가 얼마전 세간에 알려진 무구정광 대다라니가 그 대표적 예입니다.

깨끗하고 맑은 마음으로 부처님의 원음(圓音)을 옮겨쓰는 불자는, 이미 윤회의 고통을 벗어나 있습니다. 정성 다해 사경하는 이에게는 불보살님의 가피와 위신력이 있어 일체 모든 장애는 사라지고, 기쁨이 늘 충만한 삶이 전개될 것입니다.

— 사경의 공덕이 탑을 조성하는 것보다 수승하다.(도행반야경 탑품)
— 만약 어떤 사람이 경전을 사경, 수지, 해설하면 대원을 성취한다.(법화경 법사공덕품)
— 무수한 세월 동안 물질로 보시한 공덕보다 경전을 사경, 수지, 독송하여 다른 이를 위해 해설한 공덕이 수승하다.(금강경 지경공덕분)

◈ 사경의 순서

1. 몸을 청정히 한다.
2. 부처님 사진 등을 모시고 향을 피운다.
3. 예불을 올린 후, 「사경 발원문」을 독송한다.
4. 정성껏 사경에 들어간다.
5. 「사경 회향문」을 읽고 부처님 전에 삼배한다.

관세음보살 42수 진언을 내며
(觀世音菩薩 四十二手 眞言)

관세음보살….

「관세음보살 42수 진언」은 한량없이 자비로우신 관세음보살님의 중생 교화 방편입니다. 우리 모든 관음 행자(觀音 行者)들은 진언 하나하나를 음미하면서, '이성이희(已成已喜) 즉, 이미 이루었고, 이미 기쁘다.' 라는 마음을 내십시오.

염력기상(念力起狀)이라! 생각의 힘이 그러한 상황을 불러 일으킵니다. 절대 의심하지 말고, 부정적인 마음일랑 내려놓고, 모든 것을 관세음보살님과 관세음보살 42수 진언에 맡기십시오. 그러면 어느덧 소원하는 일이 뜻과 같이 내 앞에 환히 펼쳐질 것입니다.

의식이 깨어있는 우리 관음 행자들의 진발심(眞發心)을 촉구합니다.

관세음보살, 관세음보살, 관세음보살….

한국불교대학(유튜브불교대학) 大관음사

會主 無一 우학 合掌

차 례

04 사경의 의의와 공덕

04 사경의 순서

05 관세음보살 42수 진언을 내며

11 無一 관음 기도 8관법(觀法)
　　⑦천수득력관(千手得力觀) - 1편

20 無一 관음 기도 8관법(觀法)
　　⑦천수득력관(千手得力觀) - 2편

29 無一 관음 기도 8관법(觀法)
　　⑦천수득력관(千手得力觀) - 3편

39 관세음보살 42수 진언쓰기

無一 관음 기도 8관법(觀法)
천수득력관(千手得力觀)

無一 관음 기도 8관법(觀法)
⑦ 천수득력관(千手得力觀) - 1편

관세음보살….

유튜브불교대학 한국불교대학 大관음사 불자 여러분 반갑습니다. 금일 제가 제시하는 한자성어는 '작락우삭(作樂于索)', '찾아다니기보다 지어서 즐겨라' 입니다.

찾아다니기보다, 지어서 즐겨라.
作樂于索(작락우삭).

오늘 법문의 주제는 '無一 관음 기도 8관법(觀法)' 가운데 '천수득력관(千手得力觀)' 의 일부입니다. 천수득력관, 이 가운데서 특별히 '42수(手) 진언(眞言)' 에 대해서 집중적으로 말씀을 좀 드리겠습니다. 잘 좀 보시길 바랍니다.

'손(手)의 역할' 은 아주 큽니다. 우리 중생들의 손이 운동 기관이자 감각 기관이라면, 불보살(佛菩薩)님의 손은 '구제(救濟) 기관' 입니다. 가끔 저는 '중생들이 바라는 바가 얼마나 많으면, 관세음보살님께서는 천 개의 손을 들고 나타나실까….' 하고 생각해 봅니다.

천 개의 손을 가지신 관세음보살님은 유튜브불교대학 한국불교대학 감포 해변절 5층에 모셔져 있습니다. 꼭 한번 친견해 보시길 바랍니다.

아무튼 우리 관세음보살님은 가호지묘력(加護之妙力)을 베푸시는데, 그때 손을 많이 사용하십니다. 불교 미술에서 수인(手印) 즉, 중생과 소통하고져 하는 손 모습도 다 구제 원력(救濟 願力)에 바탕을 두고 있습니다.

오늘은 특별히, 관세음보살님이 마흔두 가지 손 모습 즉, 42수(手)를 나타내 보이시면서 우리 중생들의 소원 성취와 구고구난(救苦救難)의 원력(願力)을 펼치시는 모습들을 진언과 함께 소개하겠습니다.

관세음보살 42수 진언, 그리고 그 효과입니다. 본인과 관계되는 내용이 나오면, 합장하고 "관세음보살" 이렇게 외우시고, 또 따로 잘 적어두었다가 반복해서 외우시길 바랍니다.

1. 관세음보살 **여의주수진언(如意珠手眞言)**.

- 만약에 풍요롭고 안락한 생활을 원하거나, 뜻과 같이 모든 일이 성취되기를 원한다면, 불자들은 이 진언의 힘을 믿으십시오. 진언의 내용은 이러합니다.

"옴 바아라 바다라 훔 바탁.
옴 바아라 바다라 훔 바탁.
옴 바아라 바다라 훔 바탁."

2. 관세음보살 견삭수진언(羂索手眞言).

- 만약에 온갖 불안 속에서 마음이 편안해지기를 원하거나, 과도한 스트레스에서 벗어나기를 원한다면, 불자들은 이 진언의 힘을 믿으십시오. 진언의 내용은 이러합니다.

"옴 기리나라 모나라 훔 바탁.
옴 기리나라 모나라 훔 바탁.
옴 기리나라 모나라 훔 바탁."

3. 관세음보살 보발수진언(寶鉢手眞言).

- 만약에 뱃속의 갖가지 병을 없애고져 원하거나, 불치병, 난치병으로부터 벗어나고져 원한다면, 불자들은 이 진언의 힘을 믿으십시오. 진언의 내용은 이러합니다.

"옴 기리기리 바아라 훔 바탁.
옴 기리기리 바아라 훔 바탁.
옴 기리기리 바아라 훔 바탁."

4. 관세음보살 보검수진언(寶劍手眞言).

- 만약에 모든 도깨비와 귀신들을 항복시키고져 원하거나, 몸에 빙의된 영가(靈駕)를 떼어내고져 원한다면, 불자들은 이 진언의 힘을 믿으십시오. 진언의 내용은 이러합니다.

"옴 제세제야 도미니 도제 삿다야 훔 바탁.
옴 제세제야 도미니 도제 삿다야 훔 바탁.
옴 제세제야 도미니 도제 삿다야 훔 바탁."

5. 관세음보살 **발절라수진언(跋折羅手眞言)**.

- 만약에 모든 하늘 악마, 천마(天魔), 외도(外道) 등을 항복시키고져 원하거나, 예기치 못한 돌발 사고의 위험으로부터 벗어나고져 원한다면, 불자들은 이 진언의 힘을 믿으십시오. 진언의 내용은 이러합니다.

"옴 이베이베 이파야 마하 시리예 사바하.
옴 이베이베 이파야 마하 시리예 사바하.
옴 이베이베 이파야 마하 시리예 사바하."

6. 관세음보살 **금강저수진언(金剛杵手眞言)**.

- 만약에 원수의 적을 항복시키고져 원하거나, 재판에서 승소하기를 원한다면, 불자들은 이 진언의 힘을 믿으십시오. 진언의 내용은 이러합니다.

"옴 바아라 아니바라 닙다야 사바하.
옴 바아라 아니바라 닙다야 사바하.
옴 바아라 아니바라 닙다야 사바하."

7. 관세음보살 **시무외수진언(施無畏手眞言).**

- 만약에 언제 어디서든, 두려운 공포심을 없애고져 원하거나, 공황장애, 우울증 등 정신 질환으로부터 벗어나고져 원한다면, 불자들은 이 진언의 힘을 믿으십시오. 진언의 내용은 이러합니다.

"옴 바아라 나야 훔 바탁.
옴 바아라 나야 훔 바탁.
옴 바아라 나야 훔 바탁."

8. 관세음보살 **일정마니수진언(日精摩尼手眞言).**

- 만약에 눈이 어두워져서 밝은 눈을 갖고져 원하거나, 바른 통찰력을 잘 유지하여 치매 등 인지 장애의 곤란을 겪지 않길 원한다면, 불자들은 이 진언의 힘을 믿으십시오. 진언의 내용은 이러합니다.

"옴 도비가야 도비바라 바니리 사바하.
옴 도비가야 도비바라 바니리 사바하.
옴 도비가야 도비바라 바니리 사바하."

9. 관세음보살 **월정마니수진언(月精摩尼手眞言).**

- 만약에 지독한 열병을 앓아서 서늘해지기를 원하거나, 대유행 병의 위험으로부터 안전하기를 원한다면, 불자들은 이 진언의 힘을 믿으십시오. 진언의 내용은 이러합니다.

"옴 소싯지 아리 사바하.
옴 소싯지 아리 사바하.
옴 소싯지 아리 사바하."

10. 관세음보살 **보궁수진언(寶弓手眞言)**.

- 만약에 승진하거나 높은 관직을 얻길 원하거나, 시험 합격, 취업하기를 원한다면, 불자들은 이 진언의 힘을 믿으십시오. 진언의 내용은 이러합니다.

"옴 아자미례 사바하.
옴 아자미례 사바하.
옴 아자미례 사바하."

11. 관세음보살 **보전수진언(寶箭手眞言)**.

- 만약에 착하고 좋은 친구들을 많이, 빨리 만나기를 원하거나, 사랑스러운 연인이나 배우자 얻기를 원한다면, 불자들은 이 진언의 힘을 믿으십시오. 진언의 내용은 이러합니다.

"옴 가마라 사바하.
옴 가마라 사바하.
옴 가마라 사바하."

12. 관세음보살 **양류지수진언(楊柳枝手眞言)**.

- 만약에 몸에 생긴 갖가지 병을 없애고져 원한다면, 불자들은 이 진언의 힘을 믿으십시오. 진언의 내용은 이러합니다.

"옴 소싯지 가리바리 다남타 목다예 바아라 바아라 반다 하나하나 훔 바탁.
옴 소싯지 가리바리 다남타 목다예 바아라 바아라 반다 하나하나 훔 바탁.
옴 소싯지 가리바리 다남타 목다예 바아라 바아라 반다 하나하나 훔 바탁."

13. 관세음보살 **백불수진언(白拂手眞言)**.

- 만약에 모든 나쁜 장애와 곤란, 삼재(三災)를 없애고져 원하거나, 무사고 운전을 원한다면, 불자들은 이 진언의 힘을 믿으십시오. 진언의 내용은 이러합니다.

"옴 바나미니 바아바제 모하야 아아 모하니 사바하.
옴 바나미니 바아바제 모하야 아아 모하니 사바하.
옴 바나미니 바아바제 모하야 아아 모하니 사바하."

14. 관세음보살 **보병수진언(寶瓶手眞言)**.

- 만약에 모든 가족과 친족들이 원만하게 화합하기를 원하거나, 부부가

행복한 결혼생활을 하며 백년해로하기를 원한다면, 불자들은 이 진언의 힘을 믿으십시오. 진언의 내용은 이러합니다.

"옴 아례 삼만염 사바하.
옴 아례 삼만염 사바하.
옴 아례 삼만염 사바하."

42수 진언 가운데 3분의 1을 소개해 드렸습니다. 의외로 우리 불자들이 42수 진언에 대해 관심이 많은 것 같습니다. 질문도 좀 많이 들어오는 편입니다.

만일 이 진언들을 꼭 외우고 싶다면,
믿음을 가지고,
관세음보살 정근하신 후에 '3번' 정도 외우면 됩니다.

예를 들어, 14번째 진언으로 '관세음보살 보병수진언'이 있었습니다. 만약에 모든 가족과 친족들이 원만하게 화합하기를 원하거나, 부부가 행복한 결혼생활을 하며 백년해로하기를 원한다면, 이 보병수진언을 외우시면 되는데, '관세음보살 정근을 1시에서 2시간 하고 난 뒤, 마지막 끝에 이 보병수진언을 외워 보라' 이 말입니다.

외울 때도 그냥 '3번'만 외우시면 됩니다. "옴 아례 삼만염 사바하. 옴 아례 삼만염 사바하. 옴 아례 삼만염 사바하." 이렇게 하시면 됩니다.

한편, 천수득력관의 핵심은 '**관세음보살님의 손길에 내가 힘을 얻는 것을 심상화하는 것**' 입니다.

예를 들면, '관세음보살님이 내 손을 잡아주신다거나, 관세음보살님이 내 어깨를 토닥거려 주신다거나, 관세음보살님이 내 뺨을 어루만져주신다거나' 하면서, "그래, 잘 될 수 있어. 잘 돼." 하고 힘을 주시는 모습을 생각하십시오. 그러면 분명히 관세음보살님의 신통한 힘, 가호지묘력(加護之妙力)을 받을 수 있습니다.

두 번에 걸쳐, 42수 진언을 더 소개하겠습니다.

늘 건강하시길 기도 축원드리면서 마치겠습니다. 관세음보살….

無一 관음 기도 8관법(觀法)
⑦ 천수득력관(千手得力觀) - 2편

관세음보살….

유튜브불교대학 한국불교대학 大관음사 불자 여러분 반갑습니다. 금일 제가 제시하는 한자성어는 '무의지(無意志) 무성과(無成果)', '의지 없으면, 성과 없다.' 입니다.

의지 없으면 성과 없다.
無意志 無成果(무의지 무성과).

오늘은 '無一 관음 기도 8관법(觀法)' 가운데서 일곱 번째, 천수득력관(千手得力觀)을 하겠습니다. '천수득력(千手得力)'이라, **관세음보살님의 큰 힘을 믿으면 반드시 성취한다.'** 이런 내용입니다. 각론에 들어가서, '42수(手) 진언(眞言)' 2번째 시간이 되겠습니다.

우리가 이 마음공부를 하다 보면, '득력(得力)'이라는 말을 자주 듣게 됩니다. '힘을 얻는다' 라는 뜻입니다. 힘이라 하면 온갖 힘이 있습니다. 예를 들면, 국력(國力), 염력(念力), 체력(體力), 능력(能力), 법력(法力), 정력(精力), 방편력(方便力) 등입니다.

기도하는 사람은 부처님, 관세음보살님으로부터 힘을 얻어야 합니다. 그러한 힘을 '가호지묘력(加護之妙力)'이라고 합니다. 관세음보살님의 가호지묘력을 얻기 위한 기도 방편이 '천수득력관'입니다.

관세음보살님께서는 천(千) 개의 손을 갖고 계시어, 중생이 원하는 바에 따라 그 손을 내미십니다. 그러면 중생은 관세음보살님의 힘을 받아 전과는 확연히 다른 삶을 살게 됩니다.

아주 가끔, 우리 신도님들 중에, "스님, 손 한 번 잡아주세요. 스님 기 받고 싶습니다." 하고 청할 때가 있습니다. 우리 중생들이 관세음보살님을 대하는 심정이 바로 그러합니다.

그럴 때는 관세음보살님이 내 손을 잡아주시는 것을 심상화(心想化)하십시오. 그리고 내 등을 토닥이며 힘을 주시는 모습을 심상화하십시오. 또한 내 뺨을 어루만져주시는 모습을 심상화하십시오. 상상만으로도 큰 힘이 될 수 있습니다. 기도 끝에 심상화하셔도 좋고, 평소에도 가끔 심상화하셔도 됩니다.

전 시간에 이어서, 〈42수 진언과 그 효과〉에 대해 말씀드리겠습니다. 좀 지루한 감이 없지 않을 것이지만, 집중해서 들으시길 바랍니다.

오늘은 열다섯 번째부터 스물여덟 번째까지 말씀을 드리겠습니다.

15. 관세음보살 **방패수진언(防牌手眞言)**.

- 만약에 어떤 동물이나 맹수, 말벌로부터 피해당하지 않길 원하거나, 상대의 잘못으로 인한 차 사고를 당하지 않길 원한다면, 불자들은 이 진언의 힘을 믿으십시오. 진언의 내용은 이러합니다.

"옴 약삼 나나야 전나라 다노발야 바사바사 사바하.
옴 약삼 나나야 전나라 다노발야 바사바사 사바하.
옴 약삼 나나야 전나라 다노발야 바사바사 사바하."

16. 관세음보살 **월부수진언(鉞斧手眞言)**.

- 만약에 언제 어디서나 관재를 당하지 않고져 원하거나, 시비나 구설에 시달리지 않길 원한다면, 불자들은 이 진언의 힘을 믿으십시오. 진언의 내용은 이러합니다.

"옴 미라야 미라야 사바하.
옴 미라야 미라야 사바하.
옴 미라야 미라야 사바하."

17. 관세음보살 **옥환수진언(玉環手眞言)**.

- 만약에 아들과 딸을 얻길 원하거나, 부하 등 하급자나 심부름꾼을 얻고져 원한다면, 불자들은 이 진언의 힘을 믿으십시오. 진언의 내용은 이러합니다.

"옴 바나맘 미라야 사바하.
옴 바나맘 미라야 사바하.
옴 바나맘 미라야 사바하."

18. 관세음보살 **백련화수진언(白蓮華手眞言)**.

- 만약에 수많은 공을 세우고, 온갖 공덕을 이루고져 원한다면, 불자들은 이 진언의 힘을 믿으십시오. 진언의 내용은 이러합니다.

"옴 바아라 미라야 사바하.
옴 바아라 미라야 사바하.
옴 바아라 미라야 사바하."

19. 관세음보살 **청련화수진언(靑蓮華手眞言)**.

- 만약에 다음 세상에서는 서방정토(西方淨土) 극락세계(極樂世界)에 태어나기를 원한다면, 불자들은 이 진언의 힘을 믿으십시오. 진언의 내용은 이러합니다.

"옴 기리기리 바아라 불반다 훔 바탁.
옴 기리기리 바아라 불반다 훔 바탁.
옴 기리기리 바아라 불반다 훔 바탁."

20. 관세음보살 **보경수진언(寶鏡手眞言)**.

- 만약에 높고 큰 지혜를 얻고져 원하거나, 덕 높으신 스님의 가르침을 얻고, 스님의 상좌 되기를 원한다면, 불자들은 이 진언의 힘을 믿으십시오. 진언의 내용은 이러합니다.

"옴 미보라 나락사 바아라 만다라 훔 바탁.

옴 미보라 나락사 바아라 만다라 훔 바탁.
옴 미보라 나락사 바아라 만다라 훔 바탁."

21. 관세음보살 **자련화수진언(紫蓮華手眞言)**.

- 만약에 꿈속에서 부처님과 보살님을 만나 뵙고져 원하거나, 악몽에서 벗어나고져 원한다면, 불자들은 이 진언의 힘을 믿으십시오. 진언의 내용은 이러합니다.

"옴 사라사라 바아라 가라 훔 바탁.
옴 사라사라 바아라 가라 훔 바탁.
옴 사라사라 바아라 가라 훔 바탁."

22. 관세음보살 **보협수진언(寶篋手眞言)**.

- 만약에 온갖 보물을 얻고져 원하거나, 매매 성취, 횡재수를 원한다면, 불자들은 이 진언의 힘을 믿으십시오. 진언의 내용은 이러합니다.

"옴 바아라 바사가리 아나맘나 훔.
옴 바아라 바사가리 아나맘나 훔.
옴 바아라 바사가리 아나맘나 훔."

23. 관세음보살 **오색운수진언(五色雲手眞言)**.

- 만약에 한시바삐 불도(佛道)를 성취하여, 깨달음을 얻고져 원한다면,

불자들은 이 진언의 힘을 믿으십시오. 진언의 내용은 이러합니다.

"옴 바아라 가리라타 맘 타.
옴 바아라 가리라타 맘 타.
옴 바아라 가리라타 맘 타."

24. 관세음보살 **군지수진언(軍持手眞言)**.

- 만약에 다음 세상에는 천신(天神)이 되어, 범천(梵天)의 세계에서 살고져 원하거나, 항상 긍정적이고 낙천적인 성격을 갖길 원한다면, 불자들은 이 진언의 힘을 믿으십시오. 진언의 내용은 이러합니다.

"옴 바아라 서가로타 맘 타.
옴 바아라 서가로타 맘 타.
옴 바아라 서가로타 맘 타."

25. 관세음보살 **홍련화수진언(紅蓮華手眞言)**.

- 만약에 다음 세상에는 천신(天神)이 되어, 제식천(帝釋天)의 세계에 살고져 원하거나, 모든 일을 함에 있어 늘 즐기길 원한다면, 불자들은 이 진언의 힘을 믿으십시오. 진언의 내용은 이러합니다.

"옴 상아례 사바하.
옴 상아례 사바하.
옴 상아례 사바하."

26. 관세음보살 보극수진언(寶戟手眞言).

- 만약에 경쟁 상대를 쉽게 이기고져 원한다면, 불자들은 이 진언의 힘을 믿으십시오. 진언의 내용은 이러합니다.

"옴 삼매야 기니하리 훔 바탁.
옴 삼매야 기니하리 훔 바탁.
옴 삼매야 기니하리 훔 바탁."

27. 관세음보살 보라수진언(寶螺手眞言).

- 만약에 언제나, 어디를 가나, 호법신장(護法神將)들의 호위를 받으며 살고져 원한다면, 불자들은 이 진언의 힘을 믿으십시오. 진언의 내용은 이러합니다.

"옴 상아례 마하 삼만염 사바하.
옴 상아례 마하 삼만염 사바하.
옴 상아례 마하 삼만염 사바하."

28. 관세음보살 촉루보장수진언(髑髏寶杖手眞言).

- 만약에 어떤 나쁜 이들의 농간에도 휘둘리지 않고, 뜻대로 이루고져 원한다면, 불자들은 이 진언의 힘을 믿으십시오. 진언의 내용은 이러합니다.

"옴 도나 바아라 학.
옴 도나 바아라 학.

옴 도나 바아라 학."

이 진언들은 다 3번씩 외우는 게 원칙입니다.

스물아홉 번째부터 남은 뒷부분은 또 다음에 말씀을 드리겠습니다. 이상, 42수 진언의 중간 부분에 대해 말씀드렸습니다. 지난번 것과 아울러서 여러 번 살펴보시길 바랍니다.

현재 내 상황과 잘 맞아서, 특별히 외우고 싶은 진언이 있으면, 〈관세음보살 정근〉 끝에 3번 외우면 됩니다. 그리고 그 진언을 써서 수첩 속에 넣어두면 됩니다.

사실은 '관세음보살!', '관, 세, 음, 보, 살!' 이 다섯 자(字) 정근 속에 42수 진언의 힘이 다 포함되어 있다고 보면 됩니다. 千手得力觀(천수득력관), 관세음보살님께서 나에게 자비의 손길을 드리우신 모습을 심상화하는 좋은 '관법(觀法) 기도' 입니다.

저는 젊은 시절, 통도사 행자 때, 제가 어린 관세음보살님이 되고, 어머니 관세음보살님 손을 잡고 오색구름 위를 거니는 꿈을 꾸고, 큰 힘을 얻었습니다. 그게 곧, 바로 관세음보살님의 천수득력관입니다.

관세음보살님은 '구족신통력(具足神通力)' 이라는 말처럼, 온갖 신통력·불가사의한 힘·능력을 갖고 계시는 분입니다. 우리 불자들은 그러한 관세음보살님을 꼭 믿어야겠습니다.

재차 강조해서 말씀드립니다. 42수 진언은 우리 불자들이 더러더러 많이 외우고 있습니다. 각 진언이 어떤 뜻을 지니고 있는지 여러 번 다시 보시길 바랍니다. 제가 뒷부분도 또 말씀드리도록 하겠습니다.

늘 건강하시길 기도 축원드립니다. 관세음보살….

無一 관음 기도 8관법(觀法)
⑦ 천수득력관(千手得力觀) - 3편

관세음보살….

유튜브불교대학 한국불교대학 大관음사 불자 여러분 반갑습니다. 금일 제가 제시하는 한자성어는 '신재유불(信在有佛)', '믿음 있는 곳에 부처님 계신다.' 입니다.

믿음 있는 곳에 부처님 계신다.
信在有佛(신재유불)

오늘은 '無一 관음 기도 8관법(觀法)' 가운데서 일곱 번째, 천수득력관(千手得力觀) 공부를 마무리 짓겠습니다. 천수득력관 공부를 하면서, 관세음보살의 42수(手) 진언(眞言)을 구체적으로 살피고 있습니다.

관세음보살님의 천 개의 손이 의미하는 것은, '손이 무지 많다'의 개념을 넘어서서 '관세음보살님의 능력이 한량없음'을 나타냅니다. 그 천 개의 손 능력을 다시 압축해서 나타내는 손 진언이 '42수 진언' 입니다.

이 42수 진언 가운데, 29번째부터 마지막 42번째까지 말씀드리겠습니다. 혹시 〈42수 진언 1편〉, 〈42수 진언 2편〉을 아직 익히지 않으신 분들은 차례대로 꼭 한번 찬찬히 살펴보시길 바랍니다. 관세음보살 기도를 주로

하는 우리 불자들은 반드시 한 번은 익히셔야 합니다.

그러면, 지금부터 스물아홉 번째 '수주수진언(數珠手眞言)' 부터 보겠습니다.

29. 관세음보살 **수주수진언(數珠手眞言)**.

- 만약에 한시바삐 부처님께서 구원의 손길을 내밀어 주시길 원한다면, 불자들은 이 진언의 힘을 믿으십시오. 진언의 내용은 이러합니다.

"나모라 다나다라 야야 옴 아나바제 미아예 싯디 싯달제 사바하.
나모라 다나다라 야야 옴 아나바제 미아예 싯디 싯달제 사바하.
나모라 다나다라 야야 옴 아나바제 미아예 싯디 싯달제 사바하."

30. 관세음보살 **보탁수진언(寶鐸手眞言)**.

- 만약에 미묘하고 뛰어난 목소리를 갖고져 원하거나, 염불로써 부처님 법을 마음껏 찬탄하기를 원한다면, 불자들은 이 진언의 힘을 믿으십시오. 진언의 내용은 이러합니다.

"나모 바나맘 바나예 옴 아미리 다맘베 시리 탐리니 사바하.
나모 바나맘 바나예 옴 아미리 다맘베 시리 탐리니 사바하.
나모 바나맘 바나예 옴 아미리 다맘베 시리 탐리니 사바하."

31. 관세음보살 **보인수진언(寶印手眞言)**.

- 만약에 뛰어난 말솜씨와 글솜씨를 갖고져 원하거나, 설법이나 포교 잘하기를 원한다면, 불자들은 이 진언의 힘을 믿으십시오. 진언의 내용은 이러합니다.

"옴 바아라네 담마예 사바하.
옴 바아라네 담마예 사바하.
옴 바아라네 담마예 사바하."

32. 관세음보살 **구시철구수진언(俱尸鐵鉤手眞言)**.

- 만약에 선신(善神)들과 용왕의 보호를 받고져 원하거나, 화엄신장(華嚴神將)의 가호를 받아 집안이 늘 평안하기를 원한다면, 불자들은 이 진언의 힘을 믿으십시오. 진언의 내용은 이러합니다.

"옴 아가로 다라가라 미사예 나모 사바하.
옴 아가로 다라가라 미사예 나모 사바하.
옴 아가로 다라가라 미사예 나모 사바하."

33. 관세음보살 **석장수진언(錫杖手眞言)**.

- 만약에 어떠한 경우라도 생명체를 해치지 않고, 구제하기를 원하거나, 방생(放生)하여 복을 짓고져 원한다면, 불자들은 이 진언의 힘을 믿으십시오. 진언의 내용은 이러합니다.

"옴 날지날지 날타비지 날제 나야바니 훔 바탁.
옴 날지날지 날타비지 날제 나야바니 훔 바탁.
옴 날지날지 날타비지 날제 나야바니 훔 바탁."

34. 관세음보살 **합장수진언(合掌手眞言)**.

- 만약에 모든 존재들이 서로 존중하고 사랑하며 살기를 원하거나, 중생을 제도하기를 원한다면, 불자들은 이 진언의 힘을 믿으십시오. 진언의 내용은 이러합니다.

"옴 바나맘 아링하리.
옴 바나맘 아링하리.
옴 바나맘 아링하리."

35. 관세음보살 **화불수진언(化佛手眞言)**.

- 만약에 태어날 때부터 부처님 곁을 떠나지 않고저 원하거나, 삿된 법(邪法)에 빠지지 않고 항상 정법(正法)과 인연 되기를 원한다면, 불자들은 이 진언의 힘을 믿으십시오. 진언의 내용은 이러합니다.

"옴 전나라 바맘타이 가리나 기리 나기리 훔 바탁.
옴 전나라 바맘타이 가리나 기리 나기리 훔 바탁.
옴 전나라 바맘타이 가리나 기리 나기리 훔 바탁."

36. 관세음보살 화궁전수진언(化宮殿手眞言).

- 만약에 태어날 때마다 늘 부처님의 세계에 태어나기를 원한다면, 불자들은 이 진언의 힘을 믿으십시오. 진언의 내용은 이러합니다.

"옴 미사라 미사라 훔 바탁.
옴 미사라 미사라 훔 바탁.
옴 미사라 미사라 훔 바탁."

37. 관세음보살 보경수진언(寶經手眞言).

- 만약에 두루 널리 공부하여 익힌 것을 잊지 않는 총명한 머리를 갖고져 원하거나, 경전을 비롯하여 불서(佛書)를 이웃에 널리, 많이 보시하고져 원한다면, 불자들은 이 진언의 힘을 믿으십시오. 진언의 내용은 이러합니다.

"옴 아하라 살바미냐 다라 바니데 사바하.
옴 아하라 살바미냐 다라 바니데 사바하.
옴 아하라 살바미냐 다라 바니데 사바하."

38. 관세음보살 불퇴금륜수진언(不退金輪手眞言).

- 만약에 지금 이 몸으로 깨달음을 얻기까지 결단코 물러서지 않기를 원하거나, 이생이 다하는 날까지 정진함에 게으르지 않길 원한다면, 불자들은 이 진언의 힘을 믿으십시오. 진언의 내용은 이러합니다.

"옴 서나미자 사바하.
옴 서나미자 사바하.
옴 서나미자 사바하."

39. 관세음보살 **정상화불수진언(頂上化佛手眞言)**.

- 만약에 '언젠가 부처님이 오시어 나도 마정수기(摩頂授記) 받음'에 흔들리지 않는 확신을 갖고져 원하거나, 온 가족이 다 수계(受戒)하기를 원한다면, 불자들은 이 진언의 힘을 믿으십시오. 진언의 내용은 이러합니다.

"옴 바아라니 바아람에 사바하.
옴 바아라니 바아람에 사바하.
옴 바아라니 바아람에 사바하."

40. 관세음보살 **포도수진언(葡萄手眞言)**.

- 만약에 모든 과실수와 농산물의 풍요로운 수확을 얻고져 원하거나, 자신이 노력한 만큼 큰 성과가 있기를 원한다면, 불자들은 이 진언의 힘을 믿으십시오. 진언의 내용은 이러합니다.

"옴 아마라 검제이니 사바하.
옴 아마라 검제이니 사바하.
옴 아마라 검제이니 사바하."

41. 관세음보살 **감로수진언(甘露手眞言)**.

- 만약에 목마르고 배고픈 모든 중생의 고통을 없애고져 원하거나, 늘 봉사하고 베풀며 절에서 살고져 원한다면, 불자들은 이 진언의 힘을 믿으십시오. 진언의 내용은 이러합니다.

"옴 소로소로 바라소로 바라소로 소로 소로야 사바하.
옴 소로소로 바라소로 바라소로 소로 소로야 사바하.
옴 소로소로 바라소로 바라소로 소로 소로야 사바하."

42. 관세음보살 **총섭천비수진언(總攝千臂手眞言)**.

- 만약에 어떠한 장애나 역경이 닥쳐와도 반드시 모두 이겨내기를 원한다면, 불자들은 이 진언의 힘을 믿으십시오. 진언의 내용은 이러합니다.

"옴 다냐타 바로기제 새바라야 살바도타 오하야미 사바하.
옴 다냐타 바로기제 새바라야 살바도타 오하야미 사바하.
옴 다냐타 바로기제 새바라야 살바도타 오하야미 사바하."

이상, 이 42수 진언을 세 차례의 법문 시간에 걸쳐서 모두 살폈습니다.

우리 불자들은 자기 현재 삶에 해당하는 진언이 있다면, 관세음보살 정근 끝에 그 해당 42수 진언을 뽑아서 3번 정도 읽으시면 됩니다.

42수 진언의 발음이, 기도하는 스님들마다 조금씩 다른 경우가 많아서, 이번에 제가 신경을 써서 확실히 정리를 했습니다. 인도의 범어(梵語), 산

스크리트어까지 참고하였으니, 유튜브불교대학 42수 진언을 표준으로 삼으시면 됩니다.

이 42수 진언은 『천수천안 관세음보살 대비심 대다라니경(千手千眼觀世音菩薩大悲心大陀羅尼經)』이라는 경에 실려 있습니다. 관세음보살 42수 진언은 우리 중생들에게 손을 통하여 능력을 주고져 하시는 관세음보살님의 한량없는 자비 원력과 방편 시설이 담겨 있습니다.

천수득력관을 할 때는 관세음보살님께서 손을 내미시고, 내 손을 잡아 주시는 모습을 심상화 하면 좋습니다. 어려운 일이 있을 때마다, 천수(千手)를 내미시는 관세음보살이십니다. 그래서 관법(觀法)의 이름이 '千手得力觀(천수득력관)' 입니다.

조금 난해한 점은 있어도, 반드시 우리가 익혀야 하는 내용 중의 하나가 '42수 진언' 입니다.

그리고 이 42수 진언은, 제가 특별히 정립한 관법 기도인 '無一 관음 기도 8관법(觀法)' 중 7번째에 해당하는 천수득력관에서 특별히 뽑아서 말씀드리는 것이라 했었지요?

'無一 관음 기도 8관법', 기도 수행으로써는 이만한 것이 없을 것입니다. 이 관법에 대해서는 우리 유튜브 채널 '유튜브불교대학'에 〔생활법문〕으로 잘 올려져 있으니, 다 좀 찾아서 꼭 들어보시길 바랍니다.

늘 건강하시고, 다음에 또 뵙겠습니다. 관세음보살…

＊＊＊＊
본문은 유튜브불교대학 생활법문 법문 내용을 녹취, 정리한 것입니다. 유튜브불교대학 〔재생목록〕-〔생활법문〕에서 無一우학 큰스님의 법문을 직접 들으실 수 있습니다.

관세음보살 42수
진언 쓰기

사경 발원문

1. 관세음보살 여의주수진언(如意珠手眞言)

만약에 풍요롭고 안락한 생활을 원하거나, 뜻과 같이 모든 일이 성취되기를 원한다면, 불자들은 이 진언의 힘을 믿으십시오.

옴 바아라 바다라 훔 바탁
옴 바아라 바다라 훔 바탁
옴 바아라 바다라 훔 바탁
옴 바아라 바다라 훔 바탁
옴 바아라 바다라 훔 바탁
옴 바아라 바다라 훔 바탁
옴 바아라 바다라 훔 바탁

2. 관세음보살 견삭수진언(羂索手眞言)

만약에 온갖 불안 속에서 마음이 편안해지기를 원하거나, 과도한 스트레스에서 벗어나기를 원한다면, 불자들은 이 진언의 힘을 믿으십시오.

옴 기리나라 모나라 훔 바탁
옴 기리나라 모나라 훔 바탁
옴 기리나라 모나라 훔 바탁
옴 기리나라 모나라 훔 바탁
옴 기리나라 모나라 훔 바탁
옴 기리나라 모나라 훔 바탁
옴 기리나라 모나라 훔 바탁

3. 관세음보살 보발수진언(寶鉢手眞言)

만약에 뱃속의 갖가지 병을 없애고져 원하거나, 불치병, 난치병으로부터 벗어나고져 원한다면, 불자들은 이 진언의 힘을 믿으십시오.

옴 기리기리 바아라 훔 바탁
옴 기리기리 바아라 훔 바탁
옴 기리기리 바아라 훔 바탁
옴 기리기리 바아라 훔 바탁
옴 기리기리 바아라 훔 바탁
옴 기리기리 바아라 훔 바탁
옴 기리기리 바아라 훔 바탁

4. 관세음보살 보검수진언(寶劍手眞言)

만약에 모든 도깨비와 귀신들을 항복시키고져 원하거나, 몸에 빙의된 영가(靈駕)를 떼어내고져 원한다면, 불자들은 이 진언의 힘을 믿으십시오.

옴 제세제야 도미니 도제 삿다야 훔 바락
옴 제세제야 도미니 도제 삿다야 훔 바락
옴 제세제야 도미니 도제 삿다야 훔 바락
옴 제세제야 도미니 도제 삿다야 훔 바락
옴 제세제야 도미니 도제 삿다야 훔 바락
옴 제세제야 도미니 도제 삿다야 훔 바락
옴 제세제야 도미니 도제 삿다야 훔 바락

5. 관세음보살 발절라수진언(跋折羅手眞言)

만약에 모든 하늘 악마, 천마(天魔), 외도(外道) 등을 항복시키고져
원하거나, 예기치 못한 돌발 사고의 위험으로부터 벗어나고져 원한다면,
불자들은 이 진언의 힘을 믿으십시오.

옴 이베이베 이파야 마하 시리예 사바하
옴 이베이베 이파야 마하 시리예 사바하
옴 이베이베 이파야 마하 시리예 사바하
옴 이베이베 이파야 마하 시리예 사바하
옴 이베이베 이파야 마하 시리예 사바하
옴 이베이베 이파야 마하 시리예 사바하
옴 이베이베 이파야 마하 시리예 사바하

6. 관세음보살 금강저수진언(金剛杵手眞言)

만약에 원수의 적을 항복시키고져 원하거나, 재판에서 승소하기를 원한다면, 불자들은 이 진언의 힘을 믿으십시오.

옴 바아라 아니바라 닙다야 사바하
옴 바아라 아니바라 닙다야 사바하
옴 바아라 아니바라 닙다야 사바하
옴 바아라 아니바라 닙다야 사바하
옴 바아라 아니바라 닙다야 사바하
옴 바아라 아니바라 닙다야 사바하
옴 바아라 아니바라 닙다야 사바하

7. 관세음보살 시무외수진언(施無畏手眞言)

만약에 언제 어디서든, 두려운 공포심을 없애고져 원하거나,
공황장애, 우울증 등 정신 질환으로부터 벗어나고져 원한다면,
불자들은 이 진언의 힘을 믿으십시오.

옴 바아라 나야 훔 바탁
옴 바아라 나야 훔 바탁
옴 바아라 나야 훔 바탁
옴 바아라 나야 훔 바탁
옴 바아라 나야 훔 바탁
옴 바아라 나야 훔 바탁
옴 바아라 나야 훔 바탁

8. 관세음보살 일정마니수진언(日精摩尼手眞言)

만약에 눈이 어두워져서 밝은 눈을 갖고져 원하거나,
바른 통찰력을 잘 유지하여 치매 등 인지 장애의 곤란을 겪지 않길
원한다면, 불자들은 이 진언의 힘을 믿으십시오.

옴 도비가야 도비바라 바니리 사바하
옴 도비가야 도비바라 바니리 사바하
옴 도비가야 도비바라 바니리 사바하
옴 도비가야 도비바라 바니리 사바하
옴 도비가야 도비바라 바니리 사바하
옴 도비가야 도비바라 바니리 사바하
옴 도비가야 도비바라 바니리 사바하

9. 관세음보살 월정마니수진언(月精摩尼手眞言)

만약에 지독한 열병을 앓아서 서늘해지기를 원하거나,
대유행 병의 위험으로부터 안전하기를 원한다면,
불자들은 이 진언의 힘을 믿으십시오.

옴 소싯지 아리 사바하
옴 소싯지 아리 사바하
옴 소싯지 아리 사바하
옴 소싯지 아리 사바하
옴 소싯지 아리 사바하
옴 소싯지 아리 사바하
옴 소싯지 아리 사바하

10. 관세음보살 보궁수진언(寶弓手眞言)

만약에 승진하거나 높은 관직을 얻길 원하거나, 시험 합격, 취업하기를 원한다면, 불자들은 이 진언의 힘을 믿으십시오.

옴 아자미례 사바하
옴 아자미례 사바하
옴 아자미례 사바하
옴 아자미례 사바하
옴 아자미례 사바하
옴 아자미례 사바하
옴 아자미례 사바하

11. 관세음보살 보전수진언(寶箭手眞言)

만약에 착하고 좋은 친구들을 많이, 빨리 만나기를 원하거나, 사랑스러운 연인이나 배우자 얻기를 원한다면, 불자들은 이 진언의 힘을 믿으십시오.

옴 가마라 사바하
옴 가마라 사바하
옴 가마라 사바하
옴 가마라 사바하
옴 가마라 사바하
옴 가마라 사바하
옴 가마라 사바하

12. 관세음보살 양류지수진언(楊柳枝手眞言)

만약에 몸에 생긴 갖가지 병을 없애고져 원한다면,
불자들은 이 진언의 힘을 믿으십시오.

옴 소싯지 가리바리 다남타 목다예 바아라
바아라 반다 하나하나 훔 바탁

옴 소싯지 가리바리 다남타 목다예 바아라
바아라 반다 하나하나 훔 바탁

옴 소싯지 가리바리 다남타 목다예 바아라
바아라 반다 하나하나 훔 바탁

옴 소싯지 가리바리 다남타 목다예 바아라 바아라 반다 하나하나 훔 바탁

옴 소싯지 가리바리 다남타 목다예 바아라 바아라 반다 하나하나 훔 바탁

옴 소싯지 가리바리 다남타 목다예 바아라 바아라 반다 하나하나 훔 바탁

옴 소싯지 가리바리 다남타 목다예 바아라 바아라 반다 하나하나 훔 바탁

13. 관세음보살 백불수진언(白拂手眞言)

만약에 모든 나쁜 장애와 곤란, 삼재(三災)를 없애고져 원하거나, 무사고 운전을 원한다면, 불자들은 이 진언의 힘을 믿으십시오.

옴 바나미니 바아바제 모하야
아아 모하니 사바하

옴 바나미니 바아바제 모하야
아아 모하니 사바하

옴 바나미니 바아바제 모하야
아아 모하니 사바하

옴 바나미니 바아바제 모하야
아아 모하니 사바하

옴 바나미니 바아바제 모하야
아아 모하니 사바하

옴 바나미니 바아바제 모하야
아아 모하니 사바하

옴 바나미니 바아바제 모하야
아아 모하니 사바하

14. 관세음보살 보병수진언(寶瓶手眞言)

만약에 모든 가족과 친족들이 원만하게 화합하기를 원하거나,
부부가 행복한 결혼생활을 하며 백년해로하기를 원한다면,
불자들은 이 진언의 힘을 믿으십시오.

옴 아례 삼만염 사바하
옴 아례 삼만염 사바하
옴 아례 삼만염 사바하
옴 아례 삼만염 사바하
옴 아례 삼만염 사바하
옴 아례 삼만염 사바하
옴 아례 삼만염 사바하

15. 관세음보살 방패수진언(防牌手眞言)

만약에 어떤 동물이나 맹수, 말벌로부터 피해당하지 않길 원하거나,
상대의 잘못으로 인한 차 사고를 당하지 않길 원한다면,
불자들은 이 진언의 힘을 믿으십시오.

옴 약삼 나나야 전나라 다노발야
바사바사 사바하

옴 약삼 나나야 전나라 다노발야
바사바사 사바하

옴 약삼 나나야 전나라 다노발야
바사바사 사바하

옴 약삼 나나야 전나라 다노발야
바사바사 사바하

옴 약삼 나나야 전나라 다노발야
바사바사 사바하

옴 약삼 나나야 전나라 다노발야
바사바사 사바하

옴 약삼 나나야 전나라 다노발야
바사바사 사바하

16. 관세음보살 월부수진언(鉞斧手眞言)

만약에 언제 어디서나 관재를 당하지 않고져 원하거나, 시비나 구설에 시달리지 않길 원한다면, 불자들은 이 진언의 힘을 믿으십시오.

옴 미라야 미라야 사바하
옴 미라야 미라야 사바하
옴 미라야 미라야 사바하
옴 미라야 미라야 사바하
옴 미라야 미라야 사바하
옴 미라야 미라야 사바하
옴 미라야 미라야 사바하

17. 관세음보살 옥환수진언(玉環手眞言)

만약에 아들과 딸을 얻길 원하거나, 부하 등 하급자나 심부름꾼을 얻고져 원한다면, 불자들은 이 진언의 힘을 믿으십시오.

옴 바나맘 미라야 사바하
옴 바나맘 미라야 사바하
옴 바나맘 미라야 사바하
옴 바나맘 미라야 사바하
옴 바나맘 미라야 사바하
옴 바나맘 미라야 사바하
옴 바나맘 미라야 사바하

18. 관세음보살 백련화수진언(白蓮華手眞言)

만약에 수많은 공을 세우고, 온갖 공덕을 이루고져 원한다면,
불자들은 이 진언의 힘을 믿으십시오.

옴 바아라 미라야 사바하
옴 바아라 미라야 사바하
옴 바아라 미라야 사바하
옴 바아라 미라야 사바하
옴 바아라 미라야 사바하
옴 바아라 미라야 사바하
옴 바아라 미라야 사바하

19. 관세음보살 청련화수진언(靑蓮華手眞言)

만약에 다음 세상에서는 서방정토(西方淨土) 극락세계(極樂世界)에 태어나기를 원한다면, 불자들은 이 진언의 힘을 믿으십시오.

옴 기리기리 바아라 불반다 훔 바탁
옴 기리기리 바아라 불반다 훔 바탁
옴 기리기리 바아라 불반다 훔 바탁
옴 기리기리 바아라 불반다 훔 바탁
옴 기리기리 바아라 불반다 훔 바탁
옴 기리기리 바아라 불반다 훔 바탁
옴 기리기리 바아라 불반다 훔 바탁

20. 관세음보살 보경수진언(寶鏡手眞言)

만약에 높고 큰 지혜를 얻고져 원하거나, 덕 높으신 스님의 가르침을 얻고, 스님의 상좌 되기를 원한다면, 불자들은 이 진언의 힘을 믿으십시오.

옴 미보라 나락사 바아라 만다라 훔 바탁
옴 미보라 나락사 바아라 만다라 훔 바탁
옴 미보라 나락사 바아라 만다라 훔 바탁
옴 미보라 나락사 바아라 만다라 훔 바탁
옴 미보라 나락사 바아라 만다라 훔 바탁
옴 미보라 나락사 바아라 만다라 훔 바탁
옴 미보라 나락사 바아라 만다라 훔 바탁

21. 관세음보살 자련화수진언(紫蓮華手眞言)

만약에 꿈속에서 부처님과 보살님을 만나 뵙고져 원하거나, 악몽에서 벗어나고져 원한다면, 불자들은 이 진언의 힘을 믿으십시오.

옴 사라사라 바아라 가라 훔 바탁
옴 사라사라 바아라 가라 훔 바탁
옴 사라사라 바아라 가라 훔 바탁
옴 사라사라 바아라 가라 훔 바탁
옴 사라사라 바아라 가라 훔 바탁
옴 사라사라 바아라 가라 훔 바탁
옴 사라사라 바아라 가라 훔 바탁

22. 관세음보살 보협수진언(寶篋手眞言)

만약에 온갖 보물을 얻고져 원하거나, 매매 성취, 횡재수를 원한다면,
불자들은 이 진언의 힘을 믿으십시오.

옴 바아라 바사가리 아나맘나 훔
옴 바아라 바사가리 아나맘나 훔
옴 바아라 바사가리 아나맘나 훔
옴 바아라 바사가리 아나맘나 훔
옴 바아라 바사가리 아나맘나 훔
옴 바아라 바사가리 아나맘나 훔
옴 바아라 바사가리 아나맘나 훔

23. 관세음보살 오색운수진언(五色雲手眞言)

만약에 한시바삐 불도(佛道)를 성취하여, 깨달음을 얻고저 원한다면,
불자들은 이 진언의 힘을 믿으십시오.

옴 바아라 가리라타 맘 타
옴 바아라 가리라타 맘 타
옴 바아라 가리라타 맘 타
옴 바아라 가리라타 맘 타
옴 바아라 가리라타 맘 타
옴 바아라 가리라타 맘 타
옴 바아라 가리라타 맘 타

24. 관세음보살 군지수진언(軍持手眞言)

만약에 다음 세상에는 천신(天神)이 되어, 범천(梵天)의 세계에서
살고져 원하거나, 항상 긍정적이고 낙천적인 성격을 갖길 원한다면,
불자들은 이 진언의 힘을 믿으십시오.

옴 바아라 서가로타 맘 타
옴 바아라 서가로타 맘 타
옴 바아라 서가로타 맘 타
옴 바아라 서가로타 맘 타
옴 바아라 서가로타 맘 타
옴 바아라 서가로타 맘 타
옴 바아라 서가로타 맘 타

25. 관세음보살 홍련화수진언(紅蓮華手眞言)

만약에 다음 세상에는 천신(天神)이 되어, 제석천(帝釋天)의 세계에
살고져 원하거나, 모든 일을 함에 있어 늘 즐기길 원한다면,
불자들은 이 진언의 힘을 믿으십시오.

옴 상아례 사바하
옴 상아례 사바하
옴 상아례 사바하
옴 상아례 사바하
옴 상아례 사바하
옴 상아례 사바하
옴 상아례 사바하

26. 관세음보살 보극수진언(寶戟手眞言)

만약에 경쟁 상대를 쉽게 이기고져 원한다면,만약에 경쟁 상대를 쉽게 이기고져 원한다면, 불자들은 이 진언의 힘을 믿으십시오.

옴 삼매야 기니하리 훔 바탁
옴 삼매야 기니하리 훔 바탁
옴 삼매야 기니하리 훔 바탁
옴 삼매야 기니하리 훔 바탁
옴 삼매야 기니하리 훔 바탁
옴 삼매야 기니하리 훔 바탁
옴 삼매야 기니하리 훔 바탁

27. 관세음보살 보라수진언(寶螺手眞言)

만약에 언제나, 어디를 가나, 호법신장(護法神將)들의 호위를 받으며 살고져 원한다면, 불자들은 이 진언의 힘을 믿으십시오.

옴 상아례 마하 삼만염 사바하
옴 상아례 마하 삼만염 사바하
옴 상아례 마하 삼만염 사바하
옴 상아례 마하 삼만염 사바하
옴 상아례 마하 삼만염 사바하
옴 상아례 마하 삼만염 사바하
옴 상아례 마하 삼만염 사바하

28. 관세음보살 촉루보장수진언(髑髏寶杖手眞言)

만약에 어떤 나쁜 이들의 농간에도 휘둘리지 않고,
뜻대로 이루고져 원한다면, 불자들은 이 진언의 힘을 믿으십시오.

옴 도나 바아라 학
옴 도나 바아라 학
옴 도나 바아라 학
옴 도나 바아라 학
옴 도나 바아라 학
옴 도나 바아라 학
옴 도나 바아라 학

29. 관세음보살 수주수진언(數珠手眞言)

만약에 한시바삐 부처님께서 구원의 손길을 내밀어 주시길 원한다면,
불자들은 이 진언의 힘을 믿으십시오.

나모라 다나다라 야야 옴 아나바제
미아예 싯디 싯달제 사바하

나모라 다나다라 야야 옴 아나바제
미아예 싯디 싯달제 사바하

나모라 다나다라 야야 옴 아나바제
미아예 싯디 싯달제 사바하

나모라 다나다라 야야 옴 아나바제
미아예 싯디 싯달제 사바하

나모라 다나다라 야야 옴 아나바제
미아예 싯디 싯달제 사바하

나모라 다나다라 야야 옴 아나바제
미아예 싯디 싯달제 사바하

나모라 다나다라 야야 옴 아나바제
미아예 싯디 싯달제 사바하

30. 관세음보살 보탁수진언(寶鐸手眞言)

만약에 미묘하고 뛰어난 목소리를 갖고져 원하거나,
염불로써 부처님 법을 마음껏 찬탄하기를 원한다면,
불자들은 이 진언의 힘을 믿으십시오.

나모 바나맘 바나예 옴 아미리 다맘베
시리 탐리니 사바하

나모 바나맘 바나예 옴 아미리 다맘베
시리 탐리니 사바하

나모 바나맘 바나예 옴 아미리 다맘베
시리 탐리니 사바하

나모 바나맘 바나예 옴 아미리 다맘베
시리 탐리니 사바하

나모 바나맘 바나예 옴 아미리 다맘베
시리 탐리니 사바하

나모 바나맘 바나예 옴 아미리 다맘베
시리 탐리니 사바하

나모 바나맘 바나예 옴 아미리 다맘베
시리 탐리니 사바하

31. 관세음보살 보인수진언(寶印手眞言)

만약에 뛰어난 말솜씨와 글솜씨를 갖고져 원하거나,
설법이나 포교 잘하기를 원한다면, 불자들은 이 진언의 힘을 믿으십시오.

옴 바아라네 담마예 사바하
옴 바아라네 담마예 사바하
옴 바아라네 담마예 사바하
옴 바아라네 담마예 사바하
옴 바아라네 담마예 사바하
옴 바아라네 담마예 사바하
옴 바아라네 담마예 사바하

32. 관세음보살 구시철구수진언(俱尸鐵鉤手眞言)

만약에 선신(善神)들과 용왕의 보호를 받고져 원하거나,
화엄신장(華嚴神將)의 가호를 받아 집안이 늘 평안하기를 원한다면,
불자들은 이 진언의 힘을 믿으십시오.

옴 아가로 다라가라 미사예 나모 사바하
옴 아가로 다라가라 미사예 나모 사바하
옴 아가로 다라가라 미사예 나모 사바하
옴 아가로 다라가라 미사예 나모 사바하
옴 아가로 다라가라 미사예 나모 사바하
옴 아가로 다라가라 미사예 나모 사바하
옴 아가로 다라가라 미사예 나모 사바하

33. 관세음보살 석장수진언(錫杖手眞言)

만약에 어떠한 경우라도 생명체를 해치지 않고, 구제하기를 원하거나, 방생(放生)하여 복을 짓고져 원한다면, 불자들은 이 진언의 힘을 믿으십시오.

옴 날지날지 날타비지 날제 나야바니 훔 바락
옴 날지날지 날타비지 날제 나야바니 훔 바락
옴 날지날지 날타비지 날제 나야바니 훔 바락
옴 날지날지 날타비지 날제 나야바니 훔 바락
옴 날지날지 날타비지 날제 나야바니 훔 바락
옴 날지날지 날타비지 날제 나야바니 훔 바락
옴 날지날지 날타비지 날제 나야바니 훔 바락

34. 관세음보살 합장수진언(合掌手眞言)

만약에 모든 존재들이 서로 존중하고 사랑하며 살기를 원하거나,
중생을 제도하기를 원한다면, 불자들은 이 진언의 힘을 믿으십시오.

옴 바나맘 아링하리
옴 바나맘 아링하리
옴 바나맘 아링하리
옴 바나맘 아링하리
옴 바나맘 아링하리
옴 바나맘 아링하리
옴 바나맘 아링하리

35. 관세음보살 화불수진언(化佛手眞言)

만약에 태어날 때부터 부처님 곁을 떠나지 않고져 원하거나,
삿된 법(邪法)에 빠지지 않고 항상 정법(正法)과 인연 되기를 원한다면,
불자들은 이 진언의 힘을 믿으십시오.

옴 전나라 바맘타이 가리나
기리 나기리 훔 바탁

옴 전나라 바맘타이 가리나
기리 나기리 훔 바탁

옴 전나라 바맘타이 가리나
기리 나기리 훔 바탁

옴 전나라 바맘타이 가리나
기리 나기리 훔 바탁

옴 전나라 바맘타이 가리나
기리 나기리 훔 바탁

옴 전나라 바맘타이 가리나
기리 나기리 훔 바탁

옴 전나라 바맘타이 가리나
기리 나기리 훔 바탁

36. 관세음보살 화궁전수진언(化宮殿手眞言)

만약에 태어날 때마다 늘 부처님의 세계에 태어나기를 원한다면,
불자들은 이 진언의 힘을 믿으십시오.

옴 미사라 미사라 훔 바탁
옴 미사라 미사라 훔 바탁
옴 미사라 미사라 훔 바탁
옴 미사라 미사라 훔 바탁
옴 미사라 미사라 훔 바탁
옴 미사라 미사라 훔 바탁
옴 미사라 미사라 훔 바탁

37. 관세음보살 보경수진언(寶經手眞言)

만약에 두루 널리 공부하여 익힌 것을 잊지 않는 총명한 머리를 갖고져 원하거나, 경전을 비롯하여 불서(佛書)를 이웃에 널리, 많이 보시하고져 원한다면, 불자들은 이 진언의 힘을 믿으십시오.

옴 아하라 살바미냐 다라 바니데 사바하
옴 아하라 살바미냐 다라 바니데 사바하
옴 아하라 살바미냐 다라 바니데 사바하
옴 아하라 살바미냐 다라 바니데 사바하
옴 아하라 살바미냐 다라 바니데 사바하
옴 아하라 살바미냐 다라 바니데 사바하
옴 아하라 살바미냐 다라 바니데 사바하

38. 관세음보살 불퇴금륜수진언(不退金輪手眞言)

만약에 지금 이 몸으로 깨달음을 얻기까지 결단코 물러서지 않기를 원하거나, 이생이 다하는 날까지 정진함에 게으르지 않길 원한다면, 불자들은 이 진언의 힘을 믿으십시오.

옴 서나미자 사바하
옴 서나미자 사바하
옴 서나미자 사바하
옴 서나미자 사바하
옴 서나미자 사바하
옴 서나미자 사바하
옴 서나미자 사바하

39. 관세음보살 정상화불수진언(頂上化佛手眞言)

만약에 '언젠가 부처님이 오시어 나도 마정수기(摩頂授記) 받음'에 흔들리지 않는 확신을 갖고져 원하거나, 온 가족이 다 수계(受戒)하기를 원한다면, 불자들은 이 진언의 힘을 믿으십시오.

옴 바아라니 바아람예 사바하
옴 바아라니 바아람예 사바하
옴 바아라니 바아람예 사바하
옴 바아라니 바아람예 사바하
옴 바아라니 바아람예 사바하
옴 바아라니 바아람예 사바하
옴 바아라니 바아람예 사바하

40. 관세음보살 포도수진언(葡萄手眞言)

만약에 모든 과실수와 농산물의 풍요로운 수확을 얻고져 원하거나,
자신이 노력한 만큼 큰 성과가 있기를 원한다면,
불자들은 이 진언의 힘을 믿으십시오.

옴 아마라 겸제이니 사바하
옴 아마라 겸제이니 사바하
옴 아마라 겸제이니 사바하
옴 아마라 겸제이니 사바하
옴 아마라 겸제이니 사바하
옴 아마라 겸제이니 사바하
옴 아마라 겸제이니 사바하

41. 관세음보살 감로수진언(甘露手眞言)

만약에 목마르고 배고픈 모든 중생의 고통을 없애고져 원하거나,
늘 봉사하고 베풀며 절에서 살고져 원한다면,
불자들은 이 진언의 힘을 믿으십시오.

옴 소로소로 바라소로 바라소로
소로 소로야 사바하

옴 소로소로 바라소로 바라소로
소로 소로야 사바하

옴 소로소로 바라소로 바라소로
소로 소로야 사바하

옴 소로소로 바라소로 바라소로
소로 소로야 사바하

옴 소로소로 바라소로 바라소로
소로 소로야 사바하

옴 소로소로 바라소로 바라소로
소로 소로야 사바하

옴 소로소로 바라소로 바라소로
소로 소로야 사바하

42. 관세음보살 총섭천비수진언(總攝千臂手眞言)

만약에 어떠한 장애나 역경이 닥쳐와도 반드시 모두 이겨내기를 원한다면,
불자들은 이 진언의 힘을 믿으십시오.

옴 다냐타 바로기제 새바라야
살바도타 오하야미 사바하

옴 다냐타 바로기제 새바라야
살바도타 오하야미 사바하

옴 다냐타 바로기제 새바라야
살바도타 오하야미 사바하

옴 다냐타 바로기제 새바라야
살바도타 오하야미 사바하

옴 다냐타 바로기제 새바라야
살바도타 오하야미 사바하

옴 다냐타 바로기제 새바라야
살바도타 오하야미 사바하

옴 다냐타 바로기제 새바라야
살바도타 오하야미 사바하

관세음보살 42수 진언 쓰기 마침

사경 회향문

無一 우학 큰스님은
서기 2000년 연대산문(蓮臺山門)을 열고
무일선원(無一禪院) 무문관(無門關)의 선원장으로 정진하고 계십니다.
스님의 주요 선(禪) 사상은 실참으로 선관쌍수(禪觀雙修)이며,
이론으로 오도체계(悟道體係)입니다.

- 불보사찰 통도사 출가(出家)
  성파 대종사를 은사로 득도(得度)
  대학, 선방, 강원, 토굴 등 제방에서 면학, 수행
  성우 대종사로부터 비니정맥 전수
  출가상좌(스님) 60여 명, 마을(유발)상좌 3천여 명.

- 한국불교대학 大관음사 창건
  국내외 십여 군데 도량 설립(미국, 중국 등)
  무일선원 무문관 창건(스님 및 신도 수행처)

- 포교대상 종정상 대상(대한불교 조계종)
  대원상 대상(재단법인 불교진흥원)

- 300여 권의 저술 : 저거는 맨날 고기 묵고, 無一 우학 불교개론, 완벽한 참
  선법, 참 좋은 생각(컬처북스), 하루 한 가지 마음공부법(조화로운삶), 부처
  되는 공부(뜰), 無一선교법장, 無一설법대전, 삼삼(33) 관세음보살님 가피 등

- 사회복지 법인 無一복지재단 설립 : 요양원, 노인센터, 지역아동센터, 공동
  생활 가정, 치매학교, 주간보호센터
  참좋은 어린이집, 참좋은 유치원 설립
  학교법인 無一학원 설립(참좋은 이서중·고등학교)
  도서출판 좋은인연 설립
  사단법인 NGO B.U.D 설립
  의료법인 無一의료재단 설립(참좋은 요양병원)
  K-붓다 빌리지(B·U·D 山海 세계명상센터) 설립
  자연 치유 마을(지리산 도량) 설립

관세음보살님 42수 진언

초판발행 2024년 2월 25일

저자 / 無一 우학 큰스님
그림 / 박소현 불모
녹취·교정 / 이원정(세지)

펴낸곳 /
도서출판 좋은인연
(한국불교대학 大관음사 부속 출판사)
등록 / 제4-88호
주소 / 대구시 남구 중앙대로 126
전화 / 053.475.3707

대한불교조계종 한국불교대학 大관음사(유튜브불교대학)
홈페이지 / 한국불교대학
다음카페 / 불교인드라망
유튜브 / 우학스님 유튜브불교대학
유튜브 / 우학스님 K-BuddhaVillage(부처님마을)